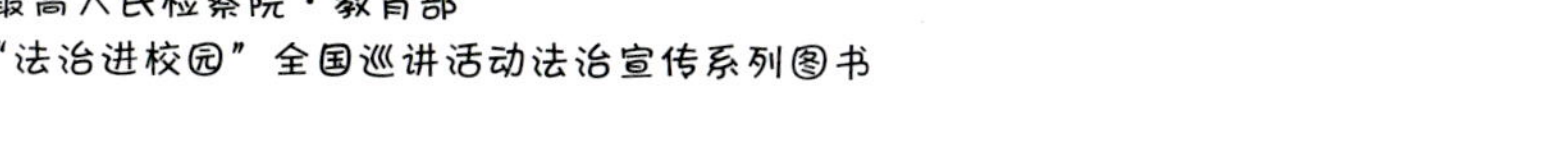

NISHENBIAN DE JIANCHAYUAN

你身边的检察院

（第3版）

最高人民检察院策划

福建省泉州市人民检察院
福建省泉州市鲤城区人民检察院 ◎编

中国检察出版社

前　言

未成年人朋友，你们的生活充满温暖的阳光，你们的成长伴随欢快的笑声，你们的脸庞展露天真的模样。父母关心着你们，师长关怀着你们，社会关注着你们，因为你们是我们大家的宝贝！

但是，生活并不总是阳光灿烂、和风细雨，违法犯罪就像天空中偶尔飘过的阴霾，给一些未成年人本应亮丽的人生投下几分暗影。有的未成年人因冲动去伤害他人，因好奇而窃取财物，因义气而结伙打架，在懵懂间违法犯罪，受到法律的严厉制裁。有的未成年人则成为违法犯罪行为的受害者，稚嫩的身心受到深深的伤害。无论是违法犯罪还是受到不法侵害，这些未成年人都是不幸的，让人感到惋惜和心疼。

为了减少这些不幸的发生，需要大家了解一定的法律知识，树立法治意识！法律在我们每个人身边，既是规范我们行为的标准，也是保护我们权利的武器。在开始成熟的花季里，你们要学法、守法，拒绝实施或参与各种违法犯罪活动；你们要知法、用法，增强保护自己的能力。

我们是检察官，是未成年人的朋友，保护大家是我们的职责。今天，我们把与未成年人有关的法律知识、自护技巧汇编成这样一本本小书，把法律送进校园，送到你的身边，希望对你有所帮助，伴随你长大成人！

最高人民检察院第九检察厅

目录

四大检察

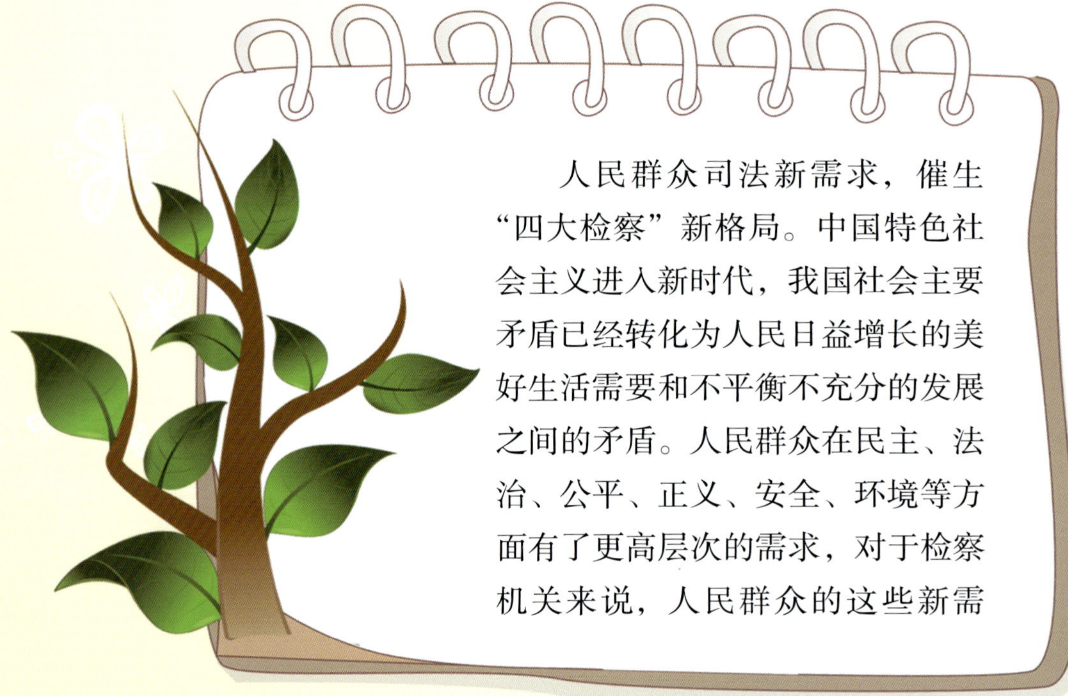

人民群众司法新需求，催生“四大检察”新格局。中国特色社会主义进入新时代，我国社会主要矛盾已经转化为人民日益增长的美好生活需要和不平衡不充分的发展之间的矛盾。人民群众在民主、法治、公平、正义、安全、环境等方面有了更高层次的需求，对于检察机关来说，人民群众的这些新需

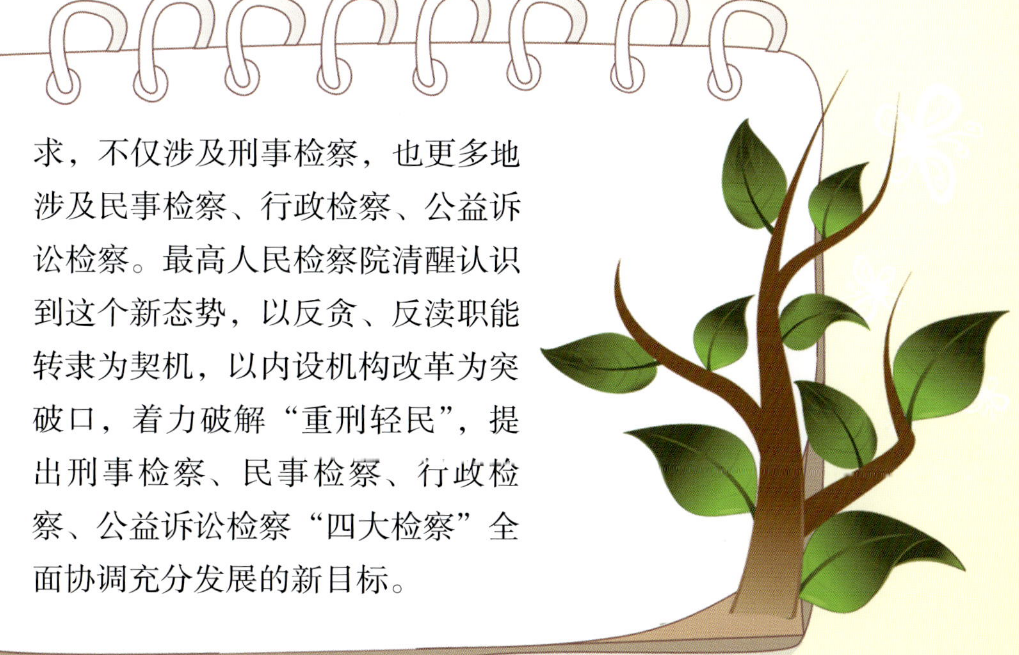

求，不仅涉及刑事检察，也更多地涉及民事检察、行政检察、公益诉讼检察。最高人民检察院清醒认识到这个新态势，以反贪、反渎职能转隶为契机，以内设机构改革为突破口，着力破解“重刑轻民”，提出刑事检察、民事检察、行政检察、公益诉讼检察“四大检察”全面协调充分发展的新目标。

第一节　刑事检察

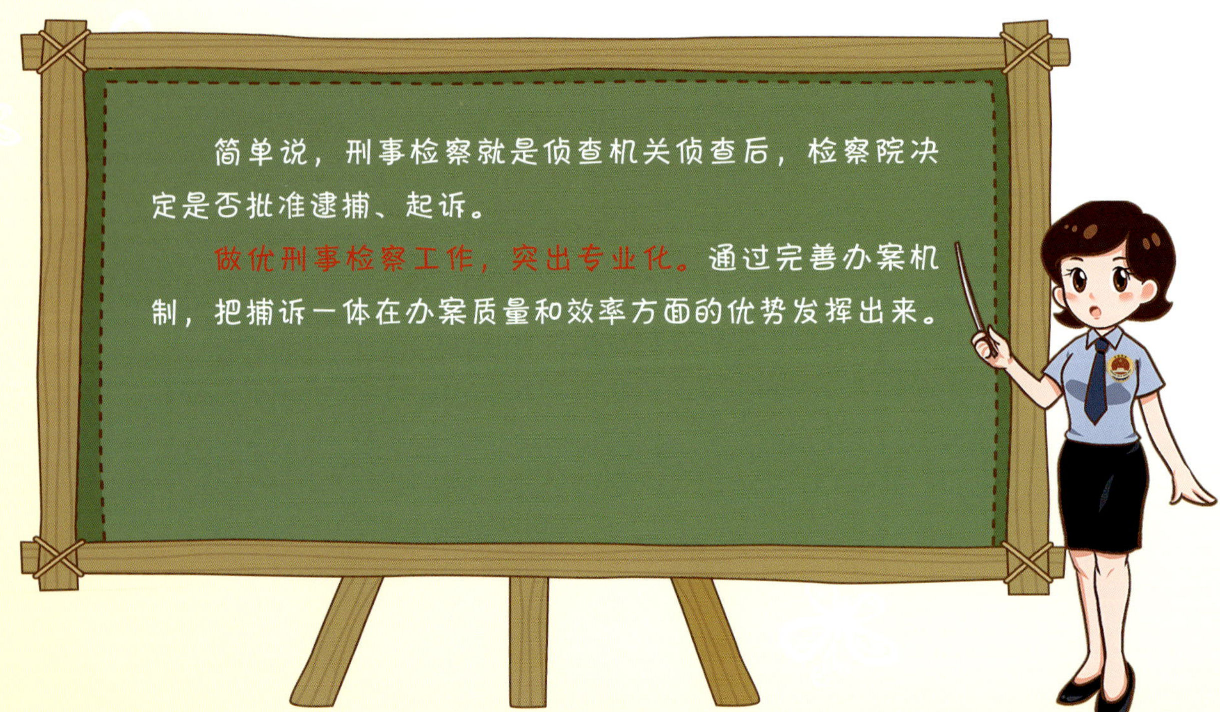
简单说，刑事检察就是侦查机关侦查后，检察院决定是否批准逮捕、起诉。
做优刑事检察工作，突出专业化。通过完善办案机制，把捕诉一体在办案质量和效率方面的优势发挥出来。

明镜高懸
卷宗
捕
批准逮捕
提起公诉
刑事判决

第二节　民事检察

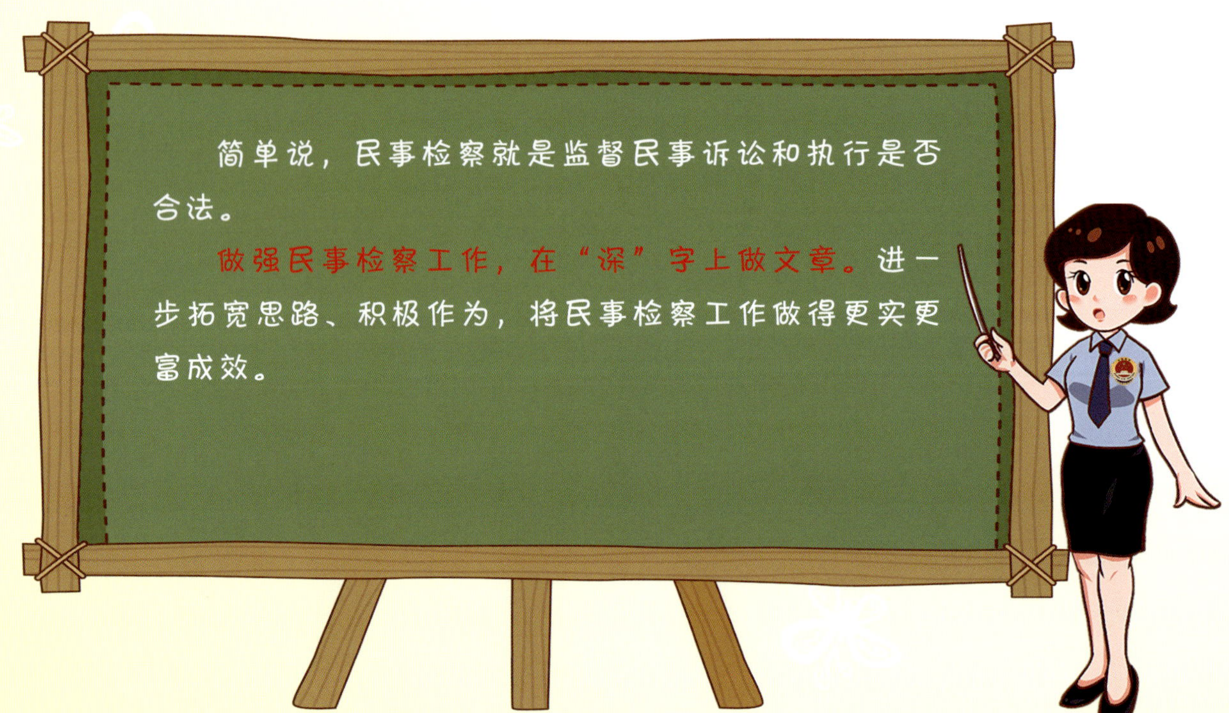
简单说，民事检察就是监督民事诉讼和执行是否合法。
做强民事检察工作，在“深”字上做文章。进一步拓宽思路、积极作为，将民事检察工作做得更实更富成效。

合法
民事诉讼和执行

第三节　行政检察

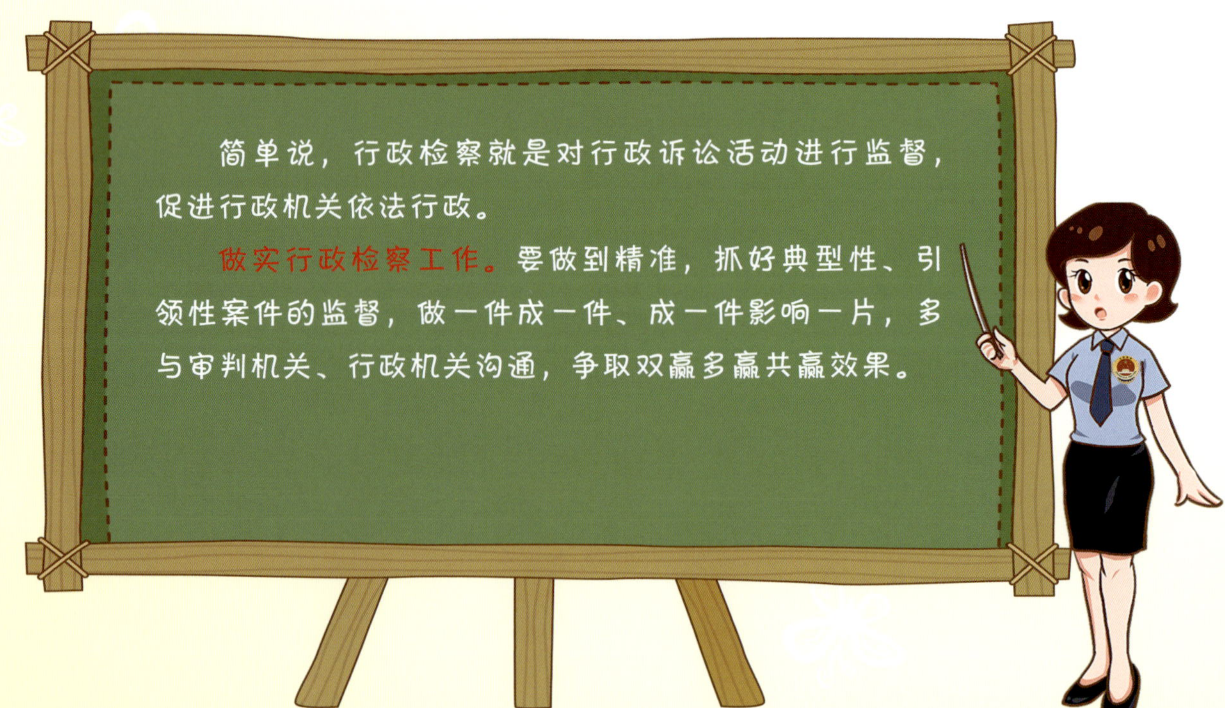
简单说，行政检察就是对行政诉讼活动进行监督，促进行政机关依法行政。
做实行政检察工作。要做到精准，抓好典型性、引领性案件的监督，做一件成一件、成一件影响一片，多与审判机关、行政机关沟通，争取双赢多赢共赢效果。

依法
执政
ZHB

第四节　公益诉讼检察

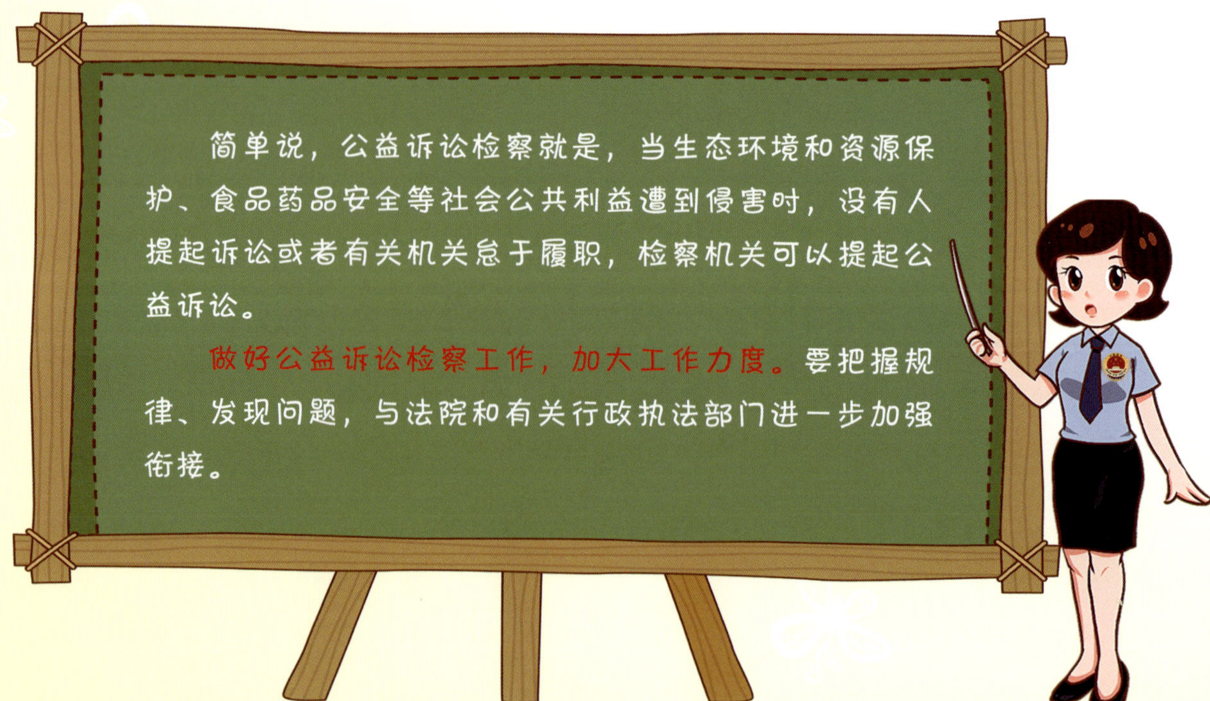

简单说，公益诉讼检察就是，当生态环境和资源保护、食品药品安全等社会公共利益遭到侵害时，没有人提起诉讼或者有关机关怠于履职，检察机关可以提起公益诉讼。
做好公益诉讼检察工作，加大工作力度。要把握规律、发现问题，与法院和有关行政执法部门进一步加强衔接。

地沟油
长生不老丹
包治百病丸
聪明散
公益诉讼起诉人

十大业务

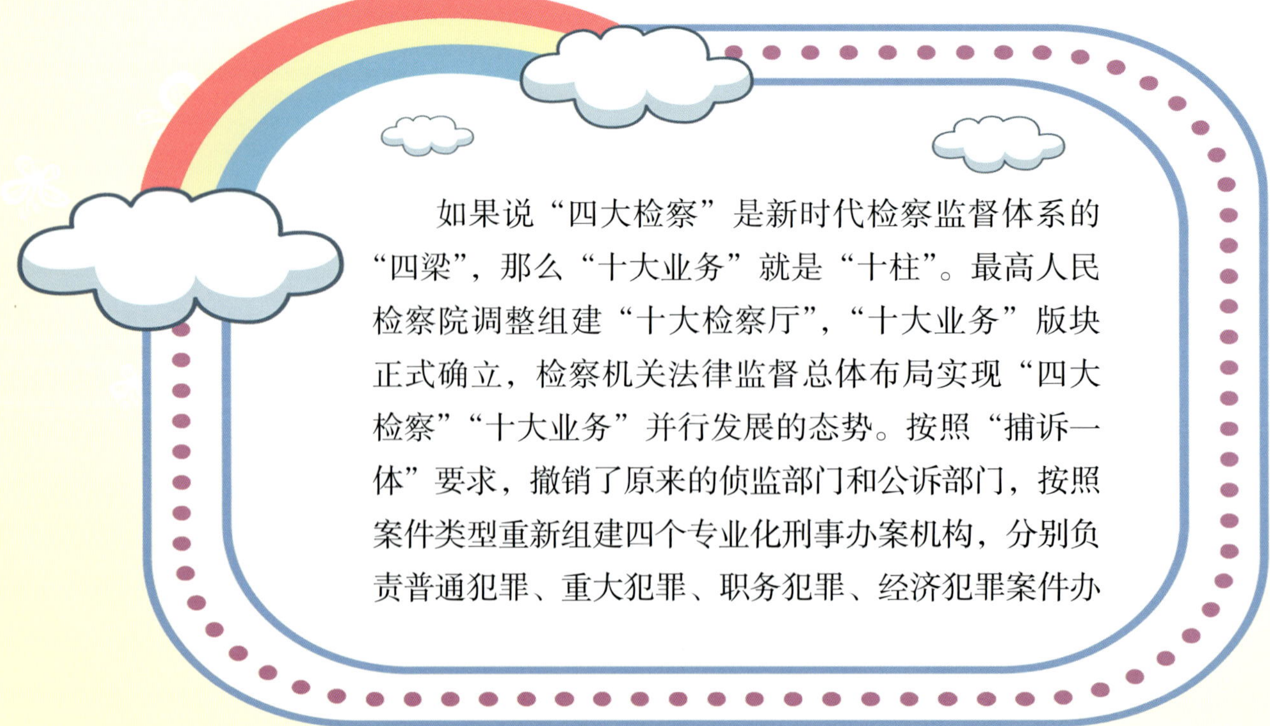

如果说“四大检察”是新时代检察监督体系的“四梁”，那么“十大业务”就是“十柱”。最高人民检察院调整组建“十大检察厅”，“十大业务”版块正式确立，检察机关法律监督总体布局实现“四大检察”“十大业务”并行发展的态势。按照“捕诉一体”要求，撤销了原来的侦监部门和公诉部门，按照案件类型重新组建四个专业化刑事办案机构，分别负责普通犯罪、重大犯罪、职务犯罪、经济犯罪案件办

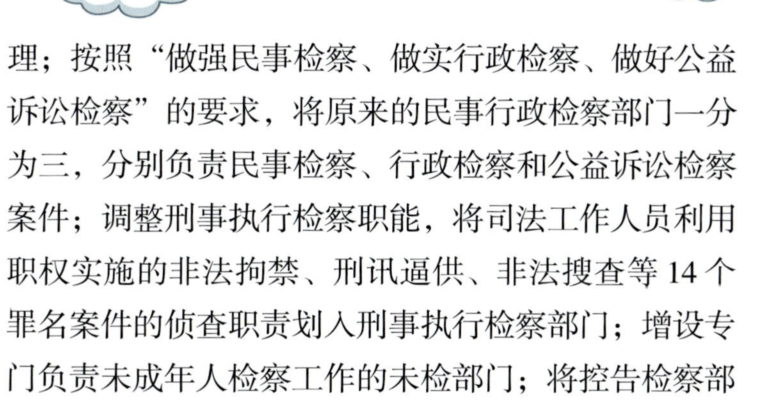

理；按照“做强民事检察、做实行政检察、做好公益诉讼检察”的要求，将原来的民事行政检察部门一分为三，分别负责民事检察、行政检察和公益诉讼检察案件；调整刑事执行检察职能，将司法工作人员利用职权实施的非法拘禁、刑讯逼供、非法搜查等 14 个罪名案件的侦查职责划入刑事执行检察部门；增设专门负责未成年人检察工作的未检部门；将控告检察部门、申诉检察部门合并设立控告申诉检察部门。

第一节　普通犯罪检察

普通犯罪检察负责对法律规定由人民检察院办理的除重大犯罪、职务犯罪和经济犯罪以外的刑事案件（如盗窃罪、故意伤害罪等）的审查逮捕、审查起诉、出庭支持公诉、抗诉，开展相关立案监督、侦查监督、审判监督以及相关案件的补充侦查。办理人民检察院管辖的相关刑事申诉案件。

检察官提示：

根据《中华人民共和国刑法》规定，盗窃罪是指以非法占有为目的，盗窃公私财物数额较大或者多次盗窃、入户盗窃、携带凶器盗窃、扒窃公私财物的行为。情节特别严重的，最高可判处无期徒刑。

检察官提示：

根据《中华人民共和国刑法》规定，故意伤害罪是指故意地非法损害他人身体健康的行为。故意伤害罪侵犯的是他人的身体健康权，致人死亡或者以特别残忍手段致人重伤造成严重残疾的，最高可判处死刑。

第二节　重大犯罪检察

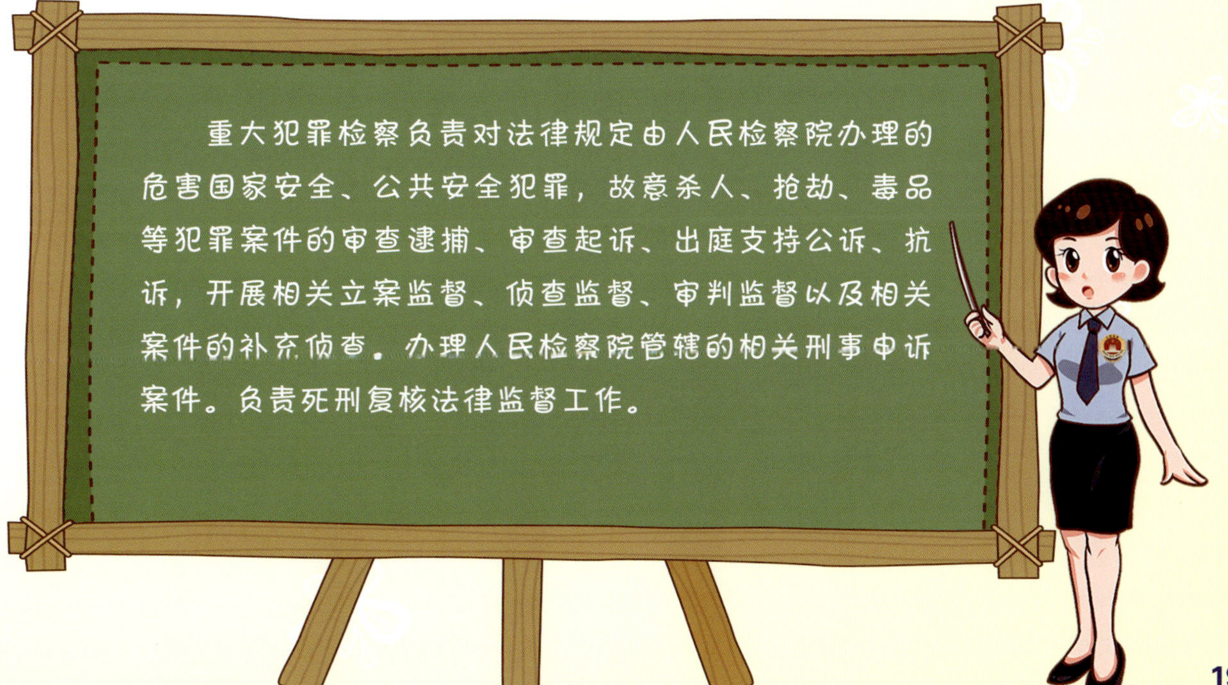

重大犯罪检察负责对法律规定由人民检察院办理的危害国家安全、公共安全犯罪，故意杀人、抢劫、毒品等犯罪案件的审查逮捕、审查起诉、出庭支持公诉、抗诉，开展相关立案监督、侦查监督、审判监督以及相关案件的补充侦查。办理人民检察院管辖的相关刑事申诉案件。负责死刑复核法律监督工作。

检察官提示：

根据《中华人民共和国刑法》规定，故意杀人罪是指故意非法剥夺他人生命的行为，最高可判处死刑。生命是行使其他一切权利的基础和前提，任何公民的生命都受法律保护，任何故意非法剥夺他人生命的行为，哪怕是“报仇杀人”，都将受到法律的严惩。

检察官提示：

根据《中华人民共和国刑法》规定，抢劫罪是指以非法占有为目的，对财物的所有人、保管人当场使用暴力、胁迫或其他方法，强行将公私财物抢走的行为，最高可判处死刑。凡年满14周岁并具有刑事责任能力的自然人，均可以构成抢劫罪的主体。

第三节 职务犯罪检察

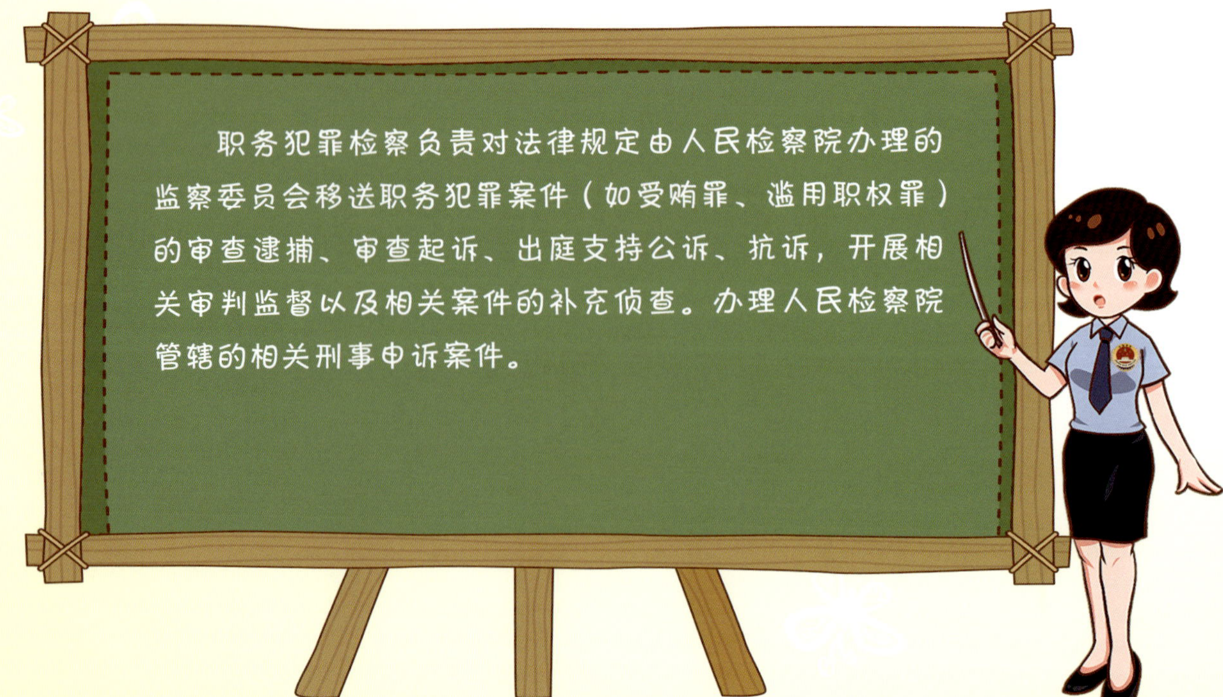

职务犯罪检察负责对法律规定由人民检察院办理的监察委员会移送职务犯罪案件（如受贿罪、滥用职权罪）的审查逮捕、审查起诉、出庭支持公诉、抗诉，开展相关审判监督以及相关案件的补充侦查。办理人民检察院管辖的相关刑事申诉案件。

检察官提示：

根据《中华人民共和国刑法》规定，受贿罪指国家工作人员利用职务上的便利，索取他人财物，或者非法收受他人财物，为他人谋取利益的行为。受贿罪侵犯了国家工作人员职务行为的廉洁性及公私财物所有权，严重影响国家机关的正常职能履行，损害国家机关的形象和声誉。

检察官提示：

根据《中华人民共和国刑法》规定，滥用职权罪是指国家机关工作人员故意逾越职权，不按或违反法律决定，处理其无权决定、处理的事项，或者违反规定处理公务，致使公共财产、国家和人民利益遭受重大损失等行为。滥用职权严重危害国家机关的正常活动。

第四节　经济犯罪检察

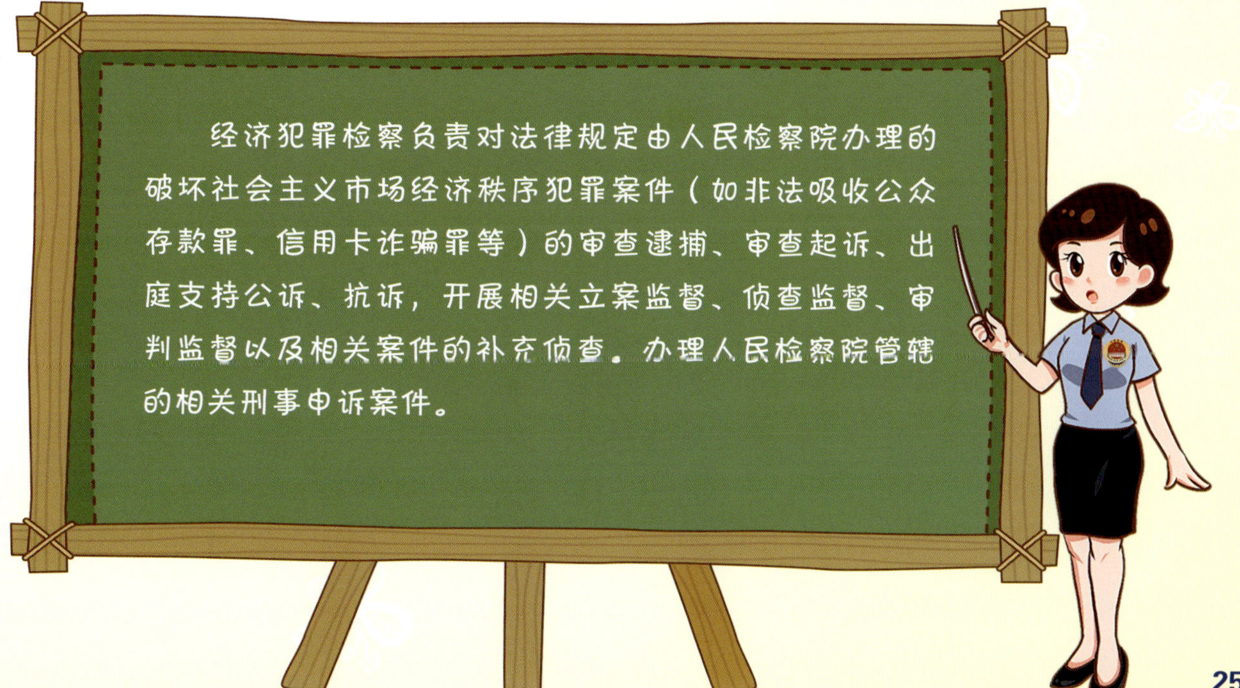
经济犯罪检察负责对法律规定由人民检察院办理的破坏社会主义市场经济秩序犯罪案件（如非法吸收公众存款罪、信用卡诈骗罪等）的审查逮捕、审查起诉、出庭支持公诉、抗诉，开展相关立案监督、侦查监督、审判监督以及相关案件的补充侦查。办理人民检察院管辖的相关刑事申诉案件。

检察官提示：

根据《中华人民共和国刑法》规定，非法吸收公众存款罪是指违反国家金融管理法规，非法吸收公众存款或变相吸收公众存款，扰乱金融秩序的行为。国家金融信贷秩序关乎社会经济的稳定和人民群众的财产安全，因此，国家严厉打击所有非法集资行为。

检察官提示：

根据《中华人民共和国刑法》规定，信用卡诈骗罪是指以非法占有为目的，违反信用卡管理法规，利用信用卡进行诈骗活动，骗取财物数额较大的行为。利用信用卡，一般是指使用伪造的、作废的信用卡或者冒用他人的信用卡、恶意透支等诈骗行为。

第五节 刑事执行检察

刑事执行检察负责对监狱、看守所和社区矫正机构等执法活动的监督，对刑事判决、裁定执行、强制医疗执行、羁押和办案期限的监督，羁押必要性审查。办理罪犯又犯罪案件。负责对法律规定由人民检察院办理的司法工作人员利用职权实施的非法拘禁、刑讯逼供、非法搜查等侵犯公民权利、损害司法公正犯罪案件，以及按照刑事诉讼法规定需要由人民检察院直接受理的其他重大犯罪案件的侦查。

检察官提示：

人民检察院通过“派驻检察”“巡回检察”等形式，对监狱、看守所的刑罚执行和刑事监管活动开展监督工作，保证国家法律法规正确实施，维护在押人员合法权益，确保监所监管秩序稳定，保障惩罚与改造顺利进行。

检察官提示：

社区矫正工作是积极利用各种社会资源、整合社会各方面力量，对罪行较轻、主观恶性较小、社会危害性不大的罪犯或者经过监管改造、确有悔改表现、不致再危害社会的罪犯在社区中进行有针对性管理、教育和改造的工作。人民检察院发现社区矫正工作违反法律规定的，应当依法提出纠正意见，或发出检察建议。

检察官提示：

财产刑执行，是指人民法院执行罚金刑、没收财产刑以及执行生效刑事裁判确定的没收违法所得及其他涉案财产的活动，包括法院责令退赔、处置赃款赃物、没收供犯罪所用本人财物以及其他应当由法院执行的相关事项的活动。人民检察院对人民法院执行刑事裁判涉财产部分的活动依法实行法律监督。

检察官提示：

根据《中华人民共和国刑事诉讼法》规定，人民检察院在对诉讼活动实行法律监督中发现的司法工作人员利用职权实施的非法拘禁、刑讯逼供、非法搜查等14种侵犯公民权利、损害司法公正的犯罪，可以由人民检察院立案侦查。

第六节 民事检察

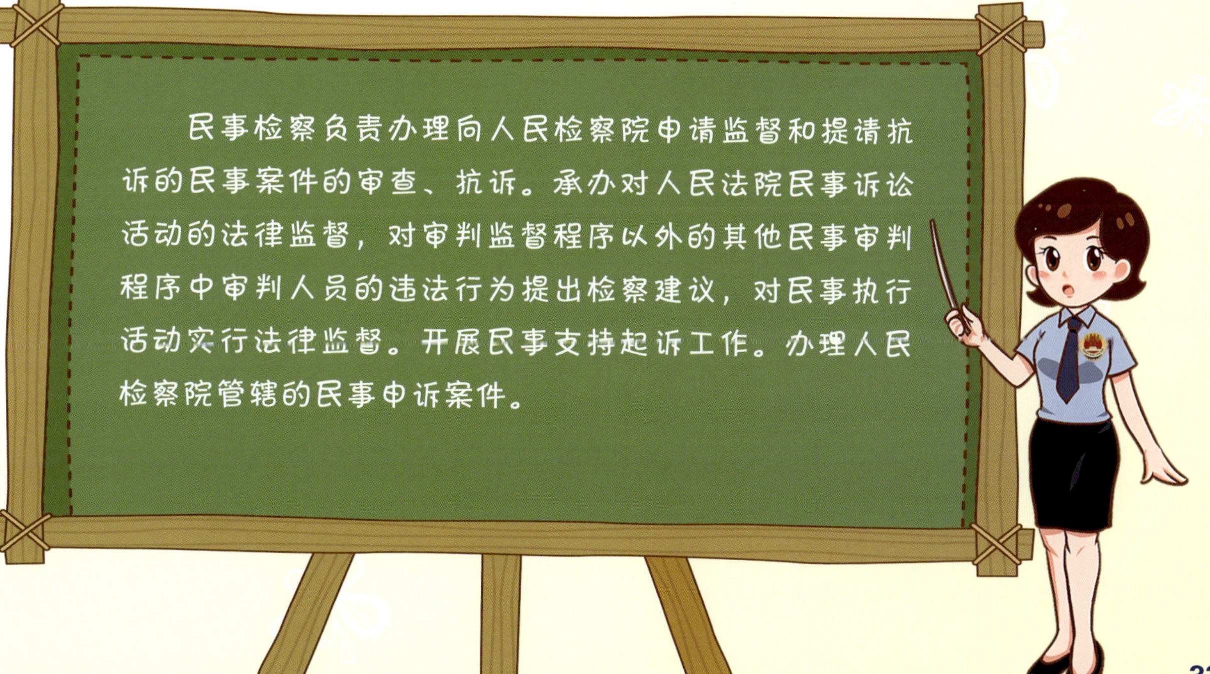
民事检察负责办理向人民检察院申请监督和提请抗诉的民事案件的审查、抗诉。承办对人民法院民事诉讼活动的法律监督，对审判监督程序以外的其他民事审判程序中审判人员的违法行为提出检察建议，对民事执行活动实行法律监督。开展民事支持起诉工作。办理人民检察院管辖的民事申诉案件。

检察官提示：

根据《中华人民共和国民事诉讼法》规定，人民检察院对审判人员的违法行为有权进行监督。审判人员违法情形包括：调解违反自愿原则或者调解协议的内容违反法律；应当立案而不立案；适用审判程序错误；支付令、保全和先予执行违反法律规定；超期审理；违法送达；支持、授意他人实施妨害民事诉讼的行为；接受当事人及其委托代理人请客送礼或者违反规定会见当事人及其委托代理人等。

检察官提示：

根据《中华人民共和国民事诉讼法》规定，人民检察院有权对人民法院生效民事判决、裁定、调解书、支付令、仲裁裁决以及公证债权文书等法律文书的民事执行活动实行法律监督。

第七节　行政检察

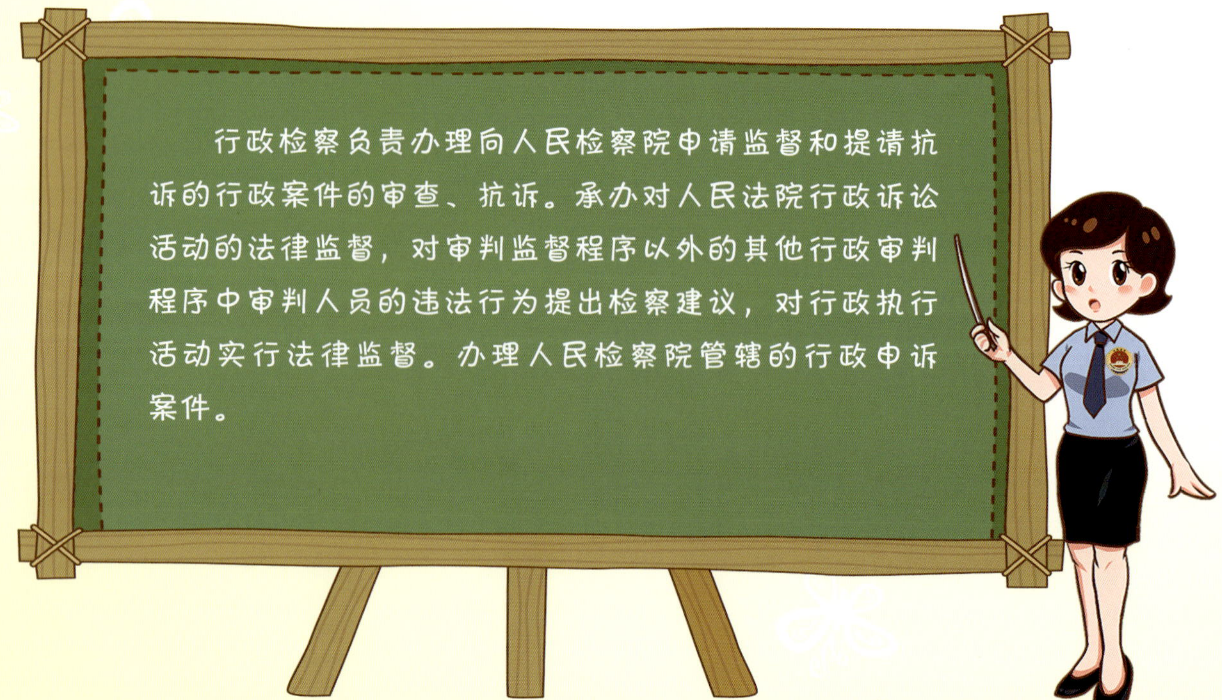
行政检察负责办理向人民检察院申请监督和提请抗诉的行政案件的审查、抗诉。承办对人民法院行政诉讼活动的法律监督，对审判监督程序以外的其他行政审判程序中审判人员的违法行为提出检察建议，对行政执行活动实行法律监督。办理人民检察院管辖的行政申诉案件。

检察官提示：

根据《中华人民共和国行政诉讼法》规定，人民检察院有权对行政诉讼实行法律监督。人民检察院行政诉讼监督的范围包括：对生效行政判决、裁定、调解书的结果进行监督；对行政审判程序中的违法行为进行监督；对行政执行活动进行监督；对行政诉讼支持起诉；对行政机关不当履行职责的监督。

检察官提示：

根据《中华人民共和国人民检察院组织法》规定，人民检察院对判决、裁定等生效法律文书的执行工作实行法律监督。对没有强制执行权的行政机关作出行政处罚后未及时申请人民法院强制执行的，人民检察院有权监督其向人民法院提出执行申请。

第八节 公益诉讼检察

公益诉讼检察负责办理法律规定由人民检察院办理的破坏生态环境和资源保护、食品药品安全领域侵害众多消费者合法权益等损害社会公共利益的民事公益诉讼案件，生态环境和资源保护、食品药品安全、国有财产保护、国有土地使用权出让等领域的行政公益诉讼案件，侵害英雄烈士姓名、肖像、名誉、荣誉的公益诉讼案件。负责对人民法院开庭审理的公益诉讼案件，派员出席法庭，对公益诉讼判决生效后人民法院的执行活动实行法律监督。

检察官提示：

最高人民法院、最高人民检察院《关于检察公益诉讼案件适用法律若干问题的解释》规定，人民检察院对破坏生态环境和资源保护、食品药品安全领域侵害众多消费者合法权益等损害社会公共利益的犯罪行为提起刑事公诉时，可以向人民法院一并提起附带民事公益诉讼，由人民法院同一审判组织审理。

检察官提示：

人民检察院在履行职责中发现负有文物监督管理职责的行政机关违法行使职权或者不作为，为维护国家和社会公共利益，可以向人民法院提起公益诉讼。

第九节 未成年人检察

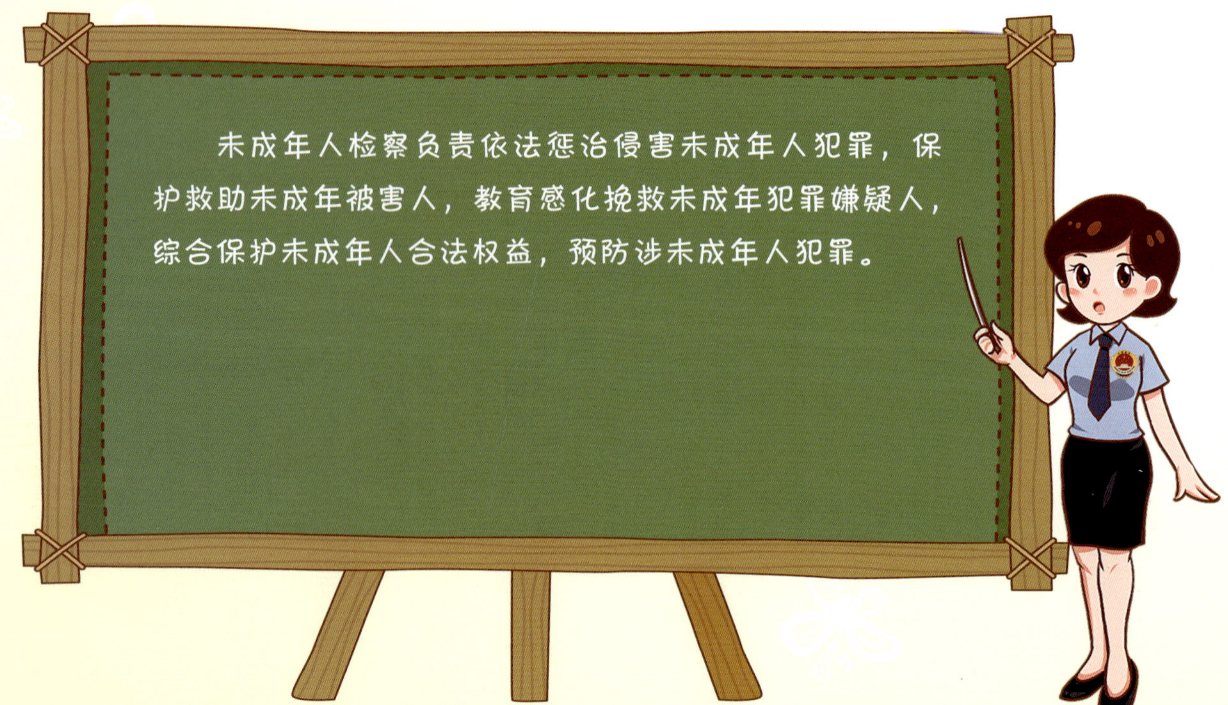
未成年人检察负责依法惩治侵害未成年人犯罪，保护救助未成年被害人，教育感化挽救未成年犯罪嫌疑人，综合保护未成年人合法权益，预防涉未成年人犯罪。

检察官提示：

对于符合《中华人民共和国刑事诉讼法》规定的未成年犯罪嫌疑人，人民检察院可以作出附条件不起诉决定，并设置6个月以上1年以下的考验期。人民检察院根据其在考验期间的表现情况作出起诉或不起诉决定。

检察官提示：

根据需要，人民检察院可以委托具有执业资质的心理咨询师对心理健康受到严重影响的涉案未成年人进行心理辅导。主要通过分析犯罪未成年人的心理成因，促使其认罪悔罪，早日回归社会；治疗未成年被害人心理创伤；减少和避免未成年证人因目睹犯罪而产生的不良心理反应。

检察官提示：

2016年以来，最高人民检察院与教育部联合组织“法治进校园”全国巡讲活动，择优选拔巡讲员组成全国巡讲团，组织研发一批精品法治课程，在全国范围内开展校园普法活动。提高在校学生自觉守法意识和自我保护意识，从源头上预防和减少学生违法犯罪案件的发生，促进校园安全和在校学生人身安全。

检察官提示：

2018年10月，最高人民检察院向教育部发出“一号检察建议”，针对校园安全管理、儿童和学生法治教育、预防性侵害等问题提出建议。各级检察机关检察长担任学校法治副校长，参与制订学校的法治教育计划，协助学校加强安全防范工作，维护师生合法权益和校园安全秩序。

第十节　控告申诉检察

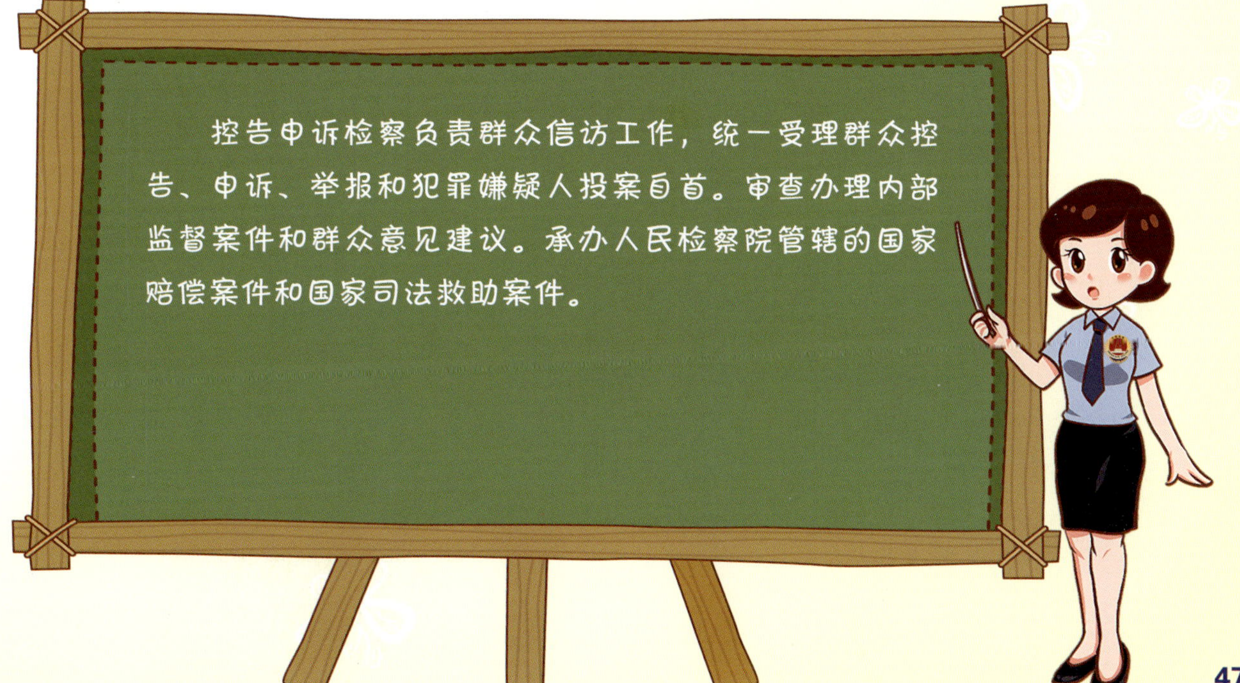
控告申诉检察负责群众信访工作，统一受理群众控告、申诉、举报和犯罪嫌疑人投案自首。审查办理内部监督案件和群众意见建议。承办人民检察院管辖的国家赔偿案件和国家司法救助案件。

检察官提示：

12309检察服务中心整合检察机关所有服务群众功能，是检察机关统一对外的综合服务平台，包括网络平台和实体大厅两部分，集控告申诉、案件管理、检务公开、检察宣传等功能于一体，向社会提供更加便捷高效的“一站式”检察服务。

检察官提示：

对人民检察院诉讼终结的刑事处理决定或者人民法院已经发生法律效力的判决、裁定不服，可以向人民检察院提出申诉。对符合受理条件的刑事申诉，人民检察院应当指定承办人员审查，并根据审查结果分情况予以处理。

检察官提示：

人民检察院通过办理检察机关作为赔偿义务机关的刑事赔偿案件，并对人民法院赔偿委员会决定和行政赔偿诉讼依法履行法律监督职责，保障国家赔偿法的统一正确实施。

检察官提示：

人民检察院国家司法救助工作，是人民检察院在办理案件过程中，对遭受犯罪侵害或者民事侵权，无法通过诉讼获得有效赔偿，生活面临急迫困难的当事人采取的辅助性救济措施。

图书在版编目（CIP）数据

你身边的检察院 / 福建省泉州市人民检察院，福建省泉州市鲤城区人民检察院编 . — 3 版 . — 北京：中国检察出版社，2020.6

ISBN 978-7-5102-2444-7

Ⅰ . ①你…　Ⅱ . ①福… ②福…　Ⅲ . ①检察机关－中国－青少年读物　Ⅳ . ① D926.3-49

中国版本图书馆 CIP 数据核字（2020）第 091828 号

你身边的检察院（第 3 版）　福建省泉州市人民检察院 福建省泉州市鲤城区人民检察院 编

出版发行：中国检察出版社
社　　址：北京市石景山区香山南路 109 号（100144）
网　　址：中国检察出版社（www.zgjccbs.com）
编辑电话：（010）86423703
发行电话：（010）86423726　86423727　86423728
（010）86423730　68650016
经　　销：新华书店
印　　刷：北京联合互通彩色印刷有限公司
开　　本：889mm × 1194mm　32 开
印　　张：1.875
字　　数：44 千字
版　　次：2020 年 6 月第三版　　2023 年 1 月第十一次印刷
书　　号：ISBN 978-7-5102-2444-7
定　　价：20.00 元